New 스마트한 생활을 위한 버전2

스마트폰을 활용한
SNS

이 책의 구성

☆ 들어가기

각 장마다 배우게 될 내용을 설명합니다.

☆ 미리보기

각 장마다 배우게 되는 예제의 완성된 모습을
미리 확인할 수 있습니다.

☆ 무엇을 배울까요?

본문에서 어떤 기능들을 배울지 간략하게 살펴
봅니다.

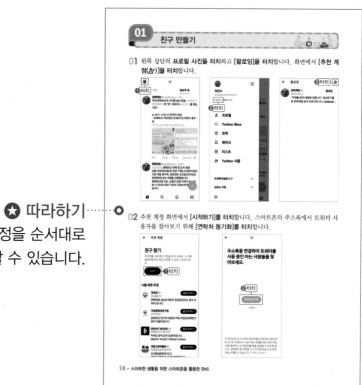

☆ 따라하기

과정을 순서대로
따라하면서 쉽게 기능을 습득할 수 있습니다.

○······⭐ 배움터
본문에서 다루지 못한 내용이나 알아두어야 할
사항들을 추가적으로 설명합니다.

⭐ 디딤돌 학습 ·········○

각 장마다 배운 내용을 토대로 한 번 더
복습할 수 있도록 응용된 문제를 제공합니다.
혼자 연습해봄으로써 실력을 다질 수 있습니다.

※ 스마트폰의 운영체제와 앱의 버전에 따라 과정의 차이가 있을 수 있습니다.

목 차

01장 | 트위터 시작하기

1. 트위터 앱 다운받기 •7
2. 트위터 회원가입하기 •8
3. 트위터 화면 구성 •11
4. 프로필 설정하기 •12
＊디딤돌 학습 •16

02장 | 트위터 활용하기

1. 친구 만들기 •18
2. 프로필 관리하기 •20
3. 글쓰기, 사진, 동영상 올리기 •21
4. 리트윗, 마음에 들어요, 쪽지쓰기 •26
5. 트위터 로그아웃하기 •29
＊디딤돌 학습 •30

03장 | 페이스북 시작하기

1. 페이스북 앱 다운받기 •32
2. 페이스북 회원가입하기 •33
3. 페이스북 화면 구성 •36
4. 프로필 설정하기 •37
＊디딤돌 학습 •40

04장 | 페이스북 활용하기 1

1. 친구 만들기 •42
2. 글쓰기, 사진 및 동영상 올리기 •43
3. 게시물 관리, 페이지 등록하기 •50
＊디딤돌 학습 •56

05장 | 페이스북 활용하기 2

1. 소통하기 •58
2. 채팅하기 •60
3. 페이스북 로그아웃하기 •61
＊디딤돌 학습 •64

06장 │ 인스타그램 시작하기

1. 인스타그램 앱 다운받기 • 66
2. 인스타그램 회원가입하기 • 67
3. 인스타그램 화면 구성 • 71
＊디딤돌 학습 • 72

07장 │ 인스타그램 활용하기

1. 팔로우하기 • 74
2. 해시태그 • 75
3. 소통하기 • 78
4. 연락처 연결 및 로그아웃하기 • 80
＊디딤돌 학습 • 82

08장 │ 밴드 시작하기

1. 밴드 앱 다운받기 • 84
2. 밴드 회원가입하기 • 85
3. 기본 화면 구성과 밴드 만들기 • 87
4. 밴드 화면 구성과 프로필 관리하기 • 91
＊디딤돌 학습 • 94

09장 │ 밴드 활용하기

1. 글쓰기, 사진과 동영상 올리기 • 96
2. 투표, 일정, 채팅하기 • 100
3. 밴드 로그아웃하기 • 106
＊디딤돌 학습 • 107

10장 │ 카카오스토리 시작과 활용하기

1. 카카오스토리 앱 다운받기 • 109
2. 카카오스토리 회원가입하기 • 110
3. 기본 구성과 친구 추가하기 • 112
4. 글쓰기, 댓글달기, 공유하기 • 116
＊디딤돌 학습 • 120

트위터 시작하기

2006년 7월 서비스를 시작한 트위터는 트윗이라는 140자 메시지로 구성되는 간단한 소셜 서비스입니다. 이번 장에서는 트위터 앱을 다운로드하고 회원가입, 화면 구성, 프로필 설정 등의 방법을 알아보겠습니다.

 무엇을 배울까요?

- ···› 트위터 앱 다운받기
- ···› 트위터 회원가입하기
- ···› 트위터 화면 구성
- ···› 프로필 설정하기

트위터 앱 다운받기

01 트위터 앱을 설치하기 위해 **[홈 화면]**의 **[Play 스토어(▶)]** 앱을 터치합니다.

홈 화면에 Play 스토어가 보이지 않으면 화면을 위로 밀어서 [앱스] 패널의 [Play 스토어(▶)] 앱을 터치합니다.

터치

02 **검색어 입력란을 터치**합니다. 키패드가 나타나면 **'트위터'를 입력**한 후 **[트위터]**
를 **터치**합니다.

03 화면이 나타나면 **[설치]를 터치**합니다. 자동으로 설치가 완료되고 **[열기]를 터치**하면 트위터가 실행됩니다.

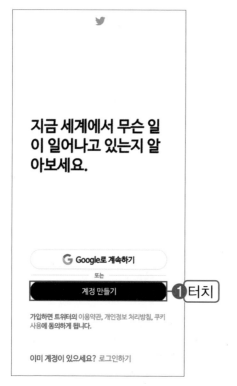

02 트위터 회원가입하기

01 트위터 화면에서 **[계정 만들기]를 터치**한 후 사용할 **언어를 선택**하고 **[다음]**을 **터치**합니다.(프로그램이 업데이트되면 과정이 조금씩 달라질 수 있습니다.)

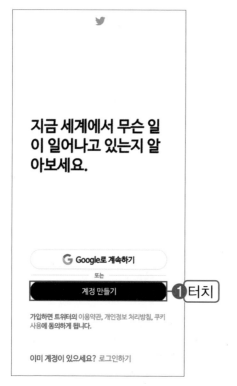
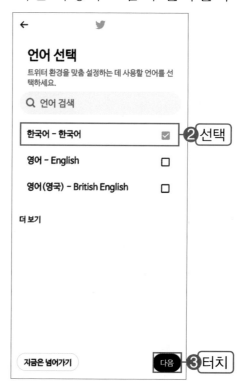

02 계정 생성을 위해 **이름을 입력**합니다. 인증 코드를 받을 **휴대폰 번호나 이메일 주소 중 선택**하여 입력합니다. **생년월일을 입력**한 후 [다음]을 **터치**하고 트위터 환경 맞춤 설정에서 [다음]을 **터치**합니다.

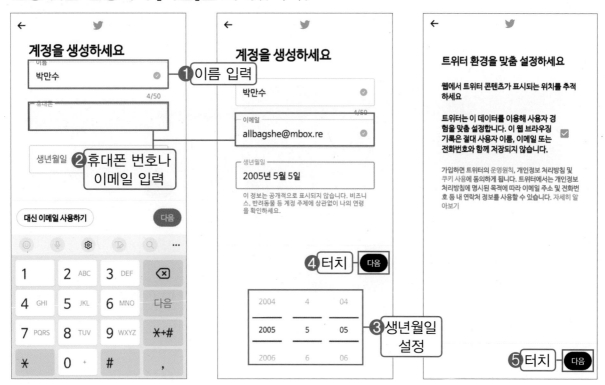

03 입력한 정보를 확인하고 [가입]을 **터치**합니다. 이메일이나 휴대폰으로 전송된 **인증 코드를 입력**하고 [다음]을 **터치**합니다. 계정 로그인 시 사용할 **비밀번호를 설정**하고 [다음]을 **터치**합니다.

04 프로필 사진 선택하기는 [지금은 넘어가기]를 터치합니다. 사용자 아이디도 [건너뛰기]를 터치합니다.

05 알림 [허용 안함], 연락처 액세스 [허용 안함]을 터치합니다. 접근 권한 허용 화면에서 [나중에]를 터치하면 다음 과정으로 이동합니다.

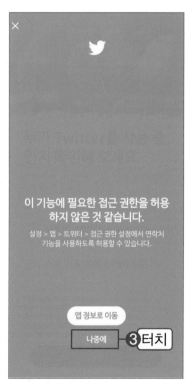

06 관심사를 선택하거나 **[다음]을 터치**합니다. 다음 화면에서 **관심 있는 계정 하나를 꼭 팔로우 해야 다음 과정으로 넘어갑니다.** 팔로우 후 **[다음]을 터치**하면 가입이 완료됩니다.

---

03 트위터 화면 구성

01 트위터를 실행하면 나타나는 홈 화면입니다.

❶ ⑧(**메뉴**) : 내 프로필, 북마크, 리스트, 설정 등 다양한 메뉴가 나타납니다.

❷ 🏠(**홈**) : 팔로잉한 트위터 사용자 및 내가 작성한 트윗이 최신글 순으로 나타납니다.

❸ 🔍(**검색**) : 트윗 내용과 트위터를 검색합니다.

❹ 🔔(**알림**) : 팔로우, 리트윗 등이 알림으로 나타납니다.

❺ ✉(**쪽지**) : 다른 트위터 사용자에게 비공개로 쪽지를 보낼 수 있습니다.

❻ ➕ : 새로운 트윗을 작성할 수 있습니다.

02 메뉴를 터치 했을 때 나타나는 화면입니다.

❶ **프로필(⋏) :** 자신의 프로필을 확인하고 설정할 수 있습니다.

❷ **Twitter Blue(▼) :** Twitter에서 대화 품질을 향상시키기 위한 프리미엄 구독 서비스입니다.

❸ **토픽(⊙) :** 토픽을 팔로우하게 되면, 해당 주제에 대한 전문가, 팬, 혹은 해당 주제를 자주 이야기하는 트위터 계정들의 트윗들을 보게 됩니다.

❹ **북마크(⊓) :** 뉴스나 글을 북마크에 등록하면 언제든지 쉽고 빠르게 확인할 수 있습니다.

❺ **리스트(☰) :** 보고 싶은 사람. 관심 있는 분야와 같은 트윗을 그룹으로 묶어서 관리합니다.

❻ **Twitter 서클(⋏•) :** 트윗을 받을 사람을 선택하여 트윗을 전송하는 기능으로 선택한 사람들과 생각을 공유할 수 있는 방법입니다.

---

04 프로필 설정하기

01 [◉]를 터치한 후 [프로필]을 터치하고 [프로필 설정하기]를 터치합니다.

02 프로필 사진을 업로드하기 위해 **[업로드]**를 터치합니다. **[기존 사진 선택]**을 터치하고 프로필로 **사용할 사진을 선택**합니다.

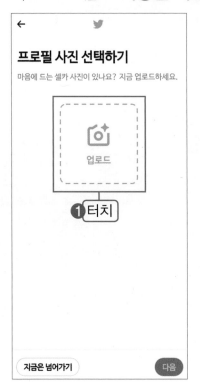
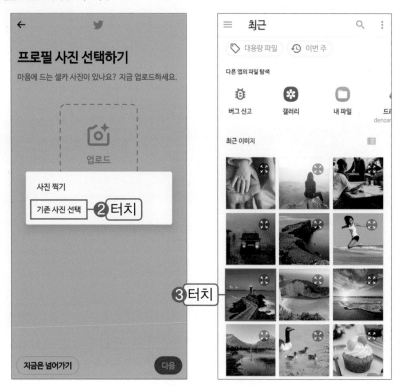

03 이동 및 크기 조절 화면에서 프로필 사진에 보여질 부분을 선택하고 **[적용하기]**를 터치합니다. 프로필 사진 선택이 끝났으면 **[다음]**을 터치합니다.

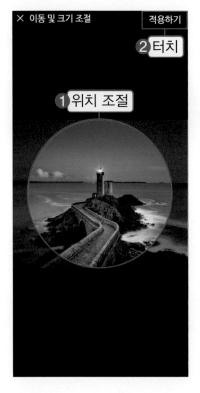

04 헤더 사진을 업로드하기 위해 [업로드]를 터치하고 [기존 사진 선택]을 터치합니다. 프로필 사진을 업로드할 때와 마찬가지로 원하는 **사진을 선택**합니다.

05 이동 및 크기 조절 화면에서 **헤더로 보여질 부분을 선택**합니다. [적용하기]를 터치합니다. 프로필과 헤더에 업로드된 사진을 확인하고 [다음]을 **터치**합니다.

06 자기소개를 입력하고 [다음]을 터치합니다. 사용자 아이디를 입력하고 [다음]을 터치합니다. 살고 있는 **지역**을 입력한 후 [다음]을 터치합니다.

07 프로필 작성이 완성되었습니다. [프로필 보기]를 터치합니다.

디딤돌학습

1 관심 있는 트윗을 트위터의 '북마크' 기능을 이용해 보관합니다.

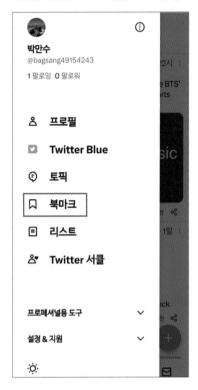

2 트위터의 '어두운 모드'를 실행해 봅니다.

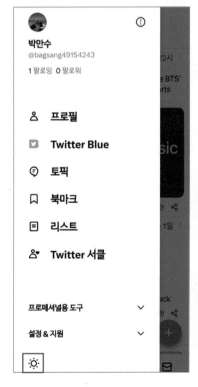

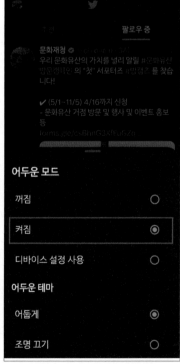

02 트위터 활용하기

이번 장에서는 트윗이라고 하는 트위터에서 글쓰기, 사진이나 동영상을 올리는 방법을 알아보겠습니다. 그리고 다른 사람이 작성한 트윗을 리트윗하거나 '마음에 들어요'를 지정하는 방법도 알아보겠습니다. 또한 나를 팔로잉한 사람에게 쪽지를 쓰는 방법도 배워보겠습니다.

 무엇을 배울까요?

- ⋯▸ 친구 만들기
- ⋯▸ 프로필 관리하기
- ⋯▸ 글쓰기, 사진, 동영상 올리기
- ⋯▸ 리트윗, 마음에 들어요, 쪽지쓰기
- ⋯▸ 트위터 로그아웃하기

01 친구 만들기

01 왼쪽 상단의 **프로필 사진을 터치**하고 **[팔로잉]을 터치**합니다. 화면에서 **[추천 계정 (윤+)]을 터치**합니다.

02 추천 계정 화면에서 **[시작하기]를 터치**합니다. 스마트폰의 주소록에서 트위터 사용자를 찾아보기 위해 **[연락처 동기화]를 터치**합니다.

03 나를 위한 팔로우 추천 화면에 트위터 사용자가 나타납니다. **팔로우할 사람을 터치**하여 체크하면 아래 팔로우 숫자가 나타나고 **터치하여 팔로우**합니다.

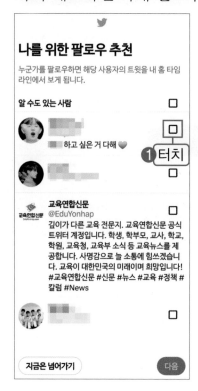

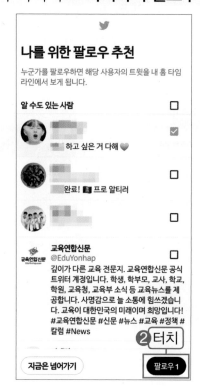

배움터 검색으로 친구 찾기

하단 [검색(🔍)]을 터치하면 사용자 아이디로 검색할 수 있습니다.

01 프로필에서 [**프로필 수정**]을 **터치**하면 처음 입력했던 프로필을 수정할 수 있습니다.

02 [**자기소개**]를 **터치**합니다. 자기소개를 **변경**하고 [**저장하기**]를 **터치**하면 수정된 프로필을 확인할 수 있습니다. **뒤로가기(←)**를 **터치**하여 홈 화면으로 이동합니다.

03 글쓰기, 사진, 동영상 올리기

글쓰기

01 홈 화면의 오른쪽 하단에 있는 ⊕를 **터치**하고 **트윗( )을 터치**합니다. 텍스트를 입력할 수 있는 화면에서 **텍스트를 입력하고 [트윗]을 터치**합니다.

02 홈 화면에서 '**팔로우 중**'에 자신의 트윗이 나타납니다. 터치하면 확인할 수 있습니다.

📷 사진 올리기

01 홈 화면의 오른쪽 하단에 있는 ⊕를 **터치**하고 **사진(🖼)을 터치**합니다.

02 갤러리 화면에서 **원하는 사진을 터치**합니다. 다음 화면에서 **[내용 추가]를 터치**합니다.

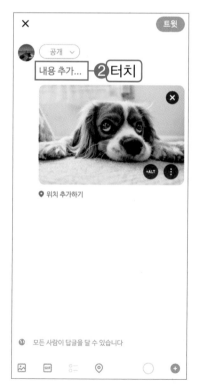

03 텍스트를 입력하고 [트윗]을 터치합니다. 글과 사진이 트윗으로 올라간 것을 터치하여 확인할 수 있습니다.

동영상 올리기

01 홈 화면의 오른쪽 하단에 있는 ⊕를 터치하고 사진(⊡)을 터치합니다.

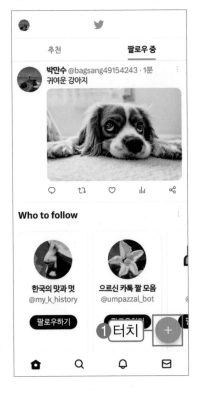

02 갤러리 화면에서 **원하는 동영상을 터치**합니다. 영상 편집하기 화면에서 **[완료]를 터치**합니다.

> **배움터**
>
> [카메라(📷)]를 터치하면 카메라 앱이 실행되면서 즉석에서 사진을 찍고 올릴 수 있습니다.

03 **[내용 추가]를 터치**합니다. **텍스트를 입력하고 [트윗]을 터치**합니다. 텍스트를 입력하지 않고 [트윗]을 터치하면 동영상만 등록됩니다.

04 글과 동영상이 트윗으로 올라간 것을 확인할 수 있습니다. 동영상을 터치하면 큰 화면으로 확인할 수 있습니다.

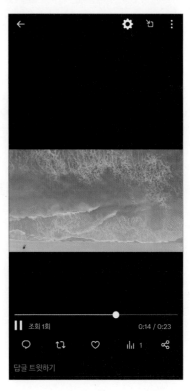

배움터 ⋮ 를 터치하고 [트윗 삭제하기]를 통해 트윗을 삭제할 수 있습니다.

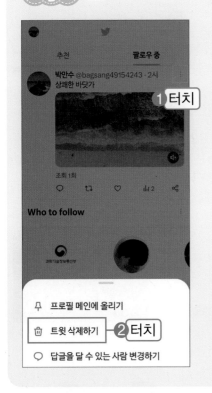

리트윗, 마음에 들어요, 쪽지쓰기

리트윗

'리트윗'은 다른 사람의 트윗을 그대로 다시 트윗하는 것을 말하며, 자신을 팔로잉하는 사람들에게 리트윗한 내용이 보여지게 됩니다.

01 리트윗하고 싶은 트윗의 ↻를 터치하고 **[리트윗]**을 **터치**합니다. 리트윗 상태가 ↻1로 변경됩니다.

마음에 들어요

01 마음에 드는 트윗을 모아 놓을 수 있습니다. 마음에 드는 트윗의 **하트(♡)**를 **터치**합니다.

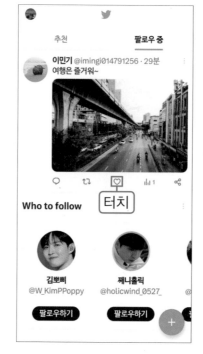

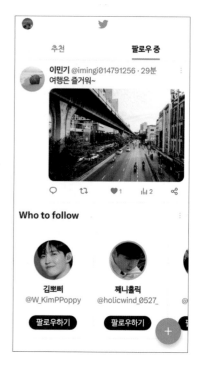

02 프로필 화면으로 이동합니다. **[마음에 들어요]**를 **터치**하여 트윗을 확인합니다.

🖱️ **쪽지쓰기**

01 ✉️를 **터치**합니다. 쪽지를 보내고 싶은 사람을 검색하여 터치하거나 리스트에 있는 **이름을 터치**합니다.

02 텍스트를 입력하고 ▶를 터치합니다. 메신저처럼 활용할 수 있습니다.

배움터 **대화 기록 삭제**

ⓘ를 터치한 후 [대화 삭제]를 터치합니다. 대화 삭제 창에서 [삭제]를 터치하면 지금까지의 대화 기록을 삭제할 수 있습니다.

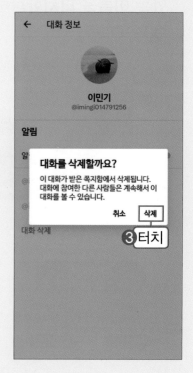

05 트위터 로그아웃하기

01 왼쪽 상단의 **프로필 사진을 터치**한 후 [설정 & 지원] – [설정 및 개인정보]를 터치합니다. 설정에서 [내 계정]을 터치한 후 다시 [계정 정보]를 터치합니다.

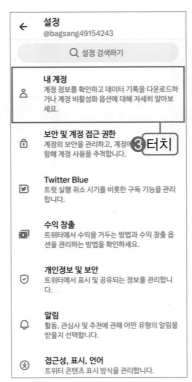

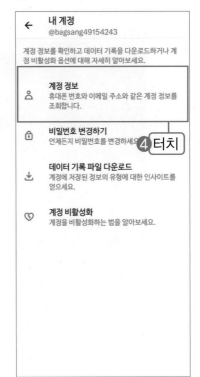

02 계정 정보에서 **[로그아웃]을 터치**합니다.

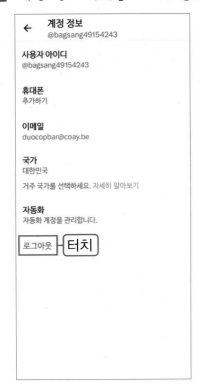

배움터

계정 정보에서는 휴대폰, 이메일 등을 변경할 수 있고, 내 계정에서는 비밀번호를 변경할 수 있습니다.

1 사진을 올리면서 스티커를 삽입해 봅니다.

2 작성한 트윗을 삭제해 봅니다.

03 페이스북 시작하기

2004년 2월 개설된 페이스북은 소셜네트워크 중 가장 대표적인 서비스입니다. 이번 장에서는 페이스북 앱을 다운받고 회원에 가입하는 방법과 화면 구성을 알아보겠습니다. 자신의 입맛에 맞게 프로필을 설정하는 방법도 알아보도록 하겠습니다.

 무엇을 배울까요?

··· 페이스북 앱 다운받기
··· 페이스북 회원가입하기
··· 페이스북 화면 구성
··· 프로필 설정하기

01 페이스북 앱을 다운받기 위해 [Play 스토어(▶)]에서 '페이스북'을 검색하고 [Facebook]을 터치합니다. 이어서 [설치]를 터치합니다.

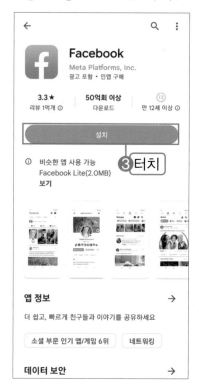

02 설치 중 화면이 나타나고 설치가 완료되면 **[열기]를 터치**합니다. 페이스북이 실행됩니다.

01 페이스북에 가입하기 위해 **[새 계정 만들기]**를 **터치**한 후 가입하기에서 **[시작하기]**를 **터치**합니다. (프로그램이 업데이트 되면 과정이 조금씩 달라질 수 있습니다.)

02 계정 생성을 위해 **이름을 입력**한 후 **[다음]**을 **터치**하고, **생년월일을 입력**한 후 **[다음]**을 **터치**합니다. **성별**을 **지정**하거나 직접 지정을 선택하여 지정하고 **[다음]**을 **터치**합니다.

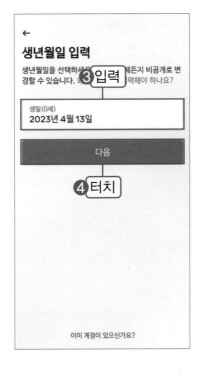

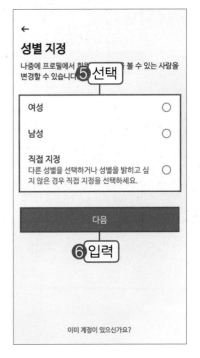

03 연락처 액세스는 **[허용]**을 터치한 후 **휴대폰 번호나 이메일 주소로 가입을 진행**합니다.

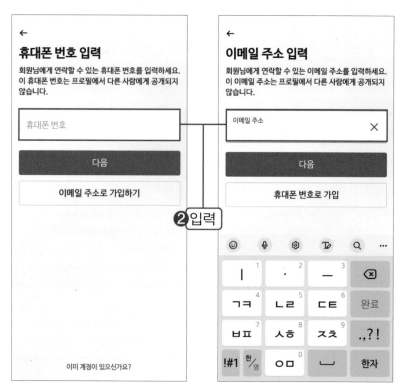

04 **비밀번호를 지정**한 후 **[다음]**을 **터치**하고 로그인 정보를 저장하려면 [저장], 저장하지 않으려면 [나중에 하기]를 터치합니다. Facebook **약관 및 정책을 확인한 후 체크하고 [동의]를 터치**합니다.

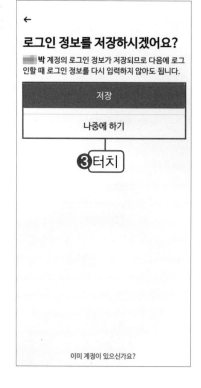
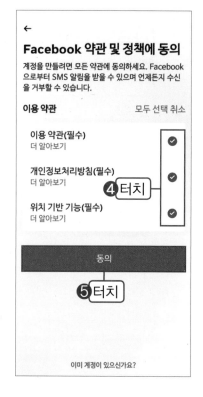

05 가입을 진행한 휴대폰 번호나 이메일 주소로 발송된 **인증 코드를 입력**하고 **[다음]을 터치**합니다. 프로필 사진 추가 화면에서 **[건너뛰기]를 터치**합니다. 약관에 동의한 후 친구 찾기 화면에서 **[나중에 하기]를 터치**합니다.

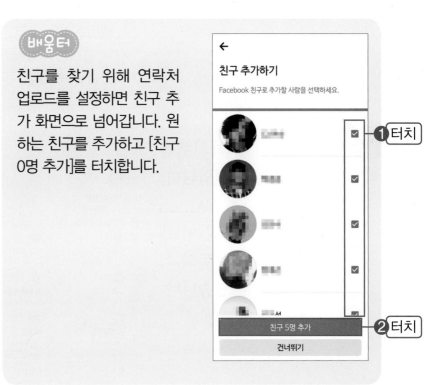

01 페이스북을 실행하면 처음 나타나는 화면입니다.

❶ 🏠 : 자신이 올린 스토리나 친구가 올린 스토리를 보여주는 화면입니다.

❷ 👥 : 친구를 요청한 사람이나 추천하는 사람이 표시됩니다.

❸ ▶️ : 페이스북 동영상 플랫폼입니다. 유튜브처럼 영상을 감상할 수 있습니다.

❹ 👤 : 내 프로필을 확인 및 수정할 수 있습니다.

❺ 🔔 : '댓글', '좋아요' 등 상태를 알려줍니다.

❻ ☰ : 페이스북의 주요 메뉴들을 볼 수 있습니다.

❼ 🔍 : 친구, 해시태그 등의 키워드를 입력하여 검색할 수 있습니다.

배움터

페이스북은 로그인할 때 홈 화면 메뉴들이 변경될 수 있습니다.

02 [메뉴(☰)]를 터치했을 때 나타나는 화면입니다. 피드, 친구 찾기, Watch 동영상, 릴스, 설정 및 개인정보, 로그아웃 등의 기능을 이용할 수 있습니다.

01 프로필(⬤)을 터치합니다.

배움터

메뉴(☰)를 터치하고 [내 프로필 보기]를 터치해도 프로필을 설정할 수 있습니다.

02 프로필 사진을 추가하기 위해 **프로필 사진 부분을 터치**한 후 [**프로필 사진 선택**]**을 터치**합니다. 기기의 카메라 및 사진과 동영상에 접근 허용을 묻는 단계에서 [**허용]을 터치**합니다.

03 사진 선택 화면에서 **사용할 사진을 터치**합니다. 프로필 사진 미리 보기 화면에서 선택한 사진을 확인하고 **[저장]을 터치**하면 프로필 사진이 등록됩니다.

04 소개를 입력하기 위해 **[프로필 편집]을 터치**한 후 **[회원님에 대해 설명해주세요...]** 를 **터치**합니다. 소개 내용을 입력하고 **[저장]을 터치**합니다.

05 소개가 입력되었습니다. 상세 정보에서 **[추가]**를 **터치**하고 **[거주지 추가]**를 터치합니다. 자신이 살고 있는 **거주지를 입력한 후 거주지가 나타나면 터치**하고 **[저장]**을 터치합니다.

 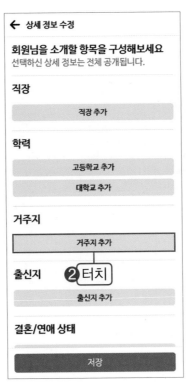 

06 **이벤트 공유에서 ✕를 터치**합니다. 상세 정보 수정 화면에서 **[저장]을 터치**한 후 프로필 편집 화면에서 **뒤로가기(←)를 터치**합니다. 프로필에 추가된 정보를 확인할 수 있습니다.

1 프로필에서 [출신지]를 터치하여 추가해 봅니다.

2 프로필 편집에서 [커버 사진]을 추가해 봅니다.

04 페이스북 활용하기 1

이번 장에서는 페이스북에서 함께 활동할 친구를 만들어보고 글쓰기, 사진과 동영상을 올리는 방법도 알아보겠습니다. 또한 작성한 글을 숨기는 방법과 페이지를 등록하는 방법도 알아보겠습니다.

 무엇을 배울까요?

⋯ 친구 만들기
⋯ 글쓰기, 사진 및 동영상 올리기
⋯ 게시물 관리, 페이지 등록하기

01 친구 만들기

01 **친구(👥)를 터치**합니다. 알 수도 있는 사람 중에서 [친구 추가]를 터치하여 요청을 보낼 수 있습니다. **Q 를 터치**합니다.([메뉴(☰)] – [친구 찾기]를 터치해도 됩니다.)

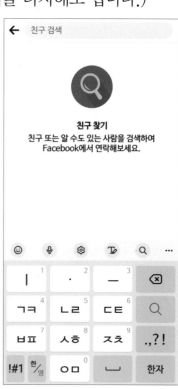

02 친구 **이름을 검색**합니다. 원하는 친구를 찾았다면 **이름을 터치**합니다. **친구의 페이스북에서 [친구 추가]를 터치**하면 친구 요청을 보냈다는 메시지가 나타납니다.

친구 요청을 취소하려면 친구를 다시 검색하고 이름을 터치합니다. 친구 페이스북에서 [요청함]을 터치한 후 [요청 취소]를 터치하면 취소됩니다.

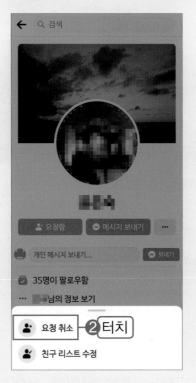

---

02 글쓰기, 사진 및 동영상 올리기

글쓰기

01 뉴스피드의 [무슨 생각을 하고 계신가요?]를 터치합니다. 게시물 만들기 화면에서 [무슨 생각을 하고 계신가요?]를 터치합니다.

02 **텍스트를 입력**하고 **원하는 배경색을 선택**하면 배경색이 적용된 텍스트를 확인할 수 있습니다. 공개 범위를 선택하기 위해 이름 아래의 👥친구만▾ 을 **터치**합니다.

배움터

상황에 따라 게시물 공개 대상 화면이 먼저 나타날 수 있습니다.

03 공개 대상 선택에서 **원하는 공개 범위를 선택**한 후 **[완료]를 터치**합니다. 게시물 만들기 화면에서 **[게시]를 터치**하면 글쓰기가 완료됩니다.

사진 및 동영상 올리기

01 📷를 **터치한** 후 새 게시물 화면에서 📷를 **터치**합니다. 처음 시작한 사용자들은 [액세스 허용]을 한 번 더 **터치**합니다. 카메라가 실행되면서 사진을 찍을 수 있습니다.

02 **허용에 대한 세부 설정을 선택**합니다. 처음 사용하는 사용자에게만 나타나는 설정입니다. 원하는 구도에서 **촬영(⚪)을 터치**해 사진을 찍고 [완료]를 **터치**합니다.

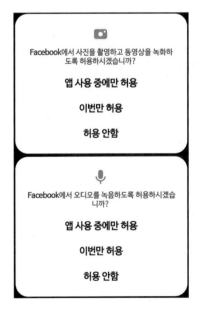

03 게시물 만들기 화면에서 **공유 대상은 '친구만'**으로 설정하고 효과나 **필터 적용 여부를 결정한 후** [게시]를 **터치**합니다. 자신이 올린 사진이 뉴스피드에 나타납니다.

🖱 갤러리의 사진 올리기

01 뉴스피드의 [무슨 생각을 하고 계신가요?]를 **터치**합니다. 게시물 만들기 화면에서 [사진/동영상]을 **터치**합니다. 갤러리 화면에서 사진을 **터치**합니다.

02 게시물 만들기 화면에서 **공유 대상은 '친구만'**으로 설정하고 **사진 추가, 효과나 필터 적용 여부를 결정**한 후 **[게시]를 터치**합니다. 뉴스피드에서 올린 사진을 확인할 수 있습니다.

🖱 동영상 올리기

01 🖼를 **터치**한 후 **갤러리 화면에서 📷를 터치**합니다.

02 촬영 버튼 아래 [일반]을 [동영상]으로 변경한 후 촬영(⊙)를 터치합니다. 촬영을 종료하려면 **정지(●)**를 터치한 후 [완료]를 터치합니다.

03 게시물 만들기 화면에서 **공유 대상은 '친구만'**으로 설정하고 **[게시]를 터치**합니다. 자신이 올린 동영상이 뉴스피드에 나타납니다.

 갤러리의 동영상 올리기

01 뉴스피드의 [무슨 생각을 하고 계신가요?]를 터치합니다. 게시물 만들기 화면에서 [사진/동영상]을 터치합니다. 갤러리에서 원하는 동영상을 터치합니다.

02 게시물 만들기 화면에서 **공유 대상은 '친구만'**으로 설정하고 [게시]를 터치합니다. 자신이 올린 동영상이 뉴스피드에 나타납니다.

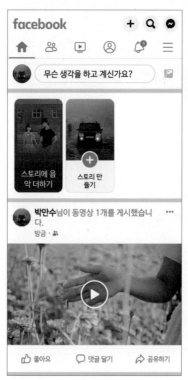

03 게시물 관리, 페이지 등록하기

 게시물 나만 보기로 수정하기 / 게시물 삭제하기

01 ⑧를 **터치**하거나 **프로필 사진을 터치**합니다. 프로필 화면의 아래쪽 **공개 범위를 수정할 게시물**에서 ⋯를 **터치**합니다.

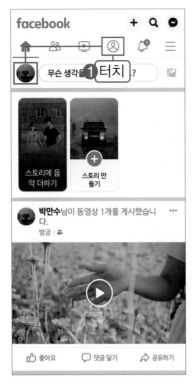

02 [**공개 범위 수정**]을 **터치**한 후 공개 범위 수정 화면에서 [**나만 보기**]를 **터치**합니다. ←를 **터치**한 후 게시물을 확인해보면 모양이 👥에서 🔒로 변경되었습니다.

03 프로필에서 [게시물 관리]를 터치합니다. 작성한 게시물 중 **삭제할 게시물을 터치한 후 [다음]을 터치하거나 아래쪽 🗑 를 터치**합니다.

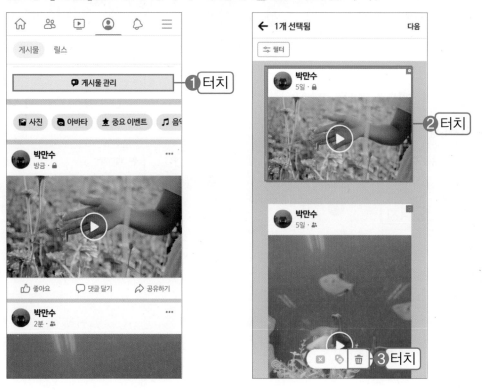

04 [게시물 삭제]를 터치하면 삭제 확인 창이 나타나고 [게시물 삭제]를 터치합니다. 작성했던 게시물이 삭제됩니다.

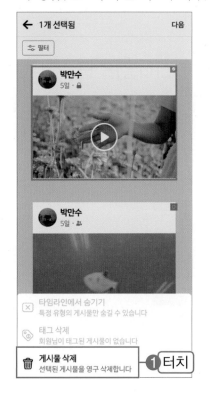

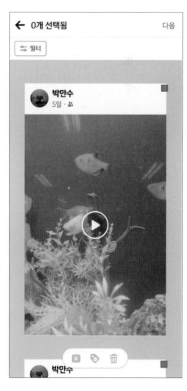

🖱 페이지 등록하기

페이스북 페이지는 '브랜드 프로필'이라고 할 수 있습니다. 기업은 제품을 편하게 홍보할 수 있으며 개인은 다양한 정보를 얻거나 사람들과 소통할 수 있습니다.

01 뉴스피드 화면에서 **메뉴(☰)를 터치**합니다. 메뉴 화면에서 **[페이지]를 터치**한 후 **[만들기]를 터치**합니다.

02 **[시작하기]를 터치**한 후 원하는 **페이지 이름을 입력**하고 **[다음]을 터치**합니다.

03 생성하고자 하는 페이지의 **주제에 맞는 항목을 입력**합니다. 관련 카테고리가 나타나면 터치하고 [만들기]를 터치합니다. 페이지 소개 정보를 입력하고 [다음]을 **터치**합니다.

04 페이지 꾸미기에서 **프로필 사진을 터치**하고 갤러리 화면에서 **원하는 사진을 터치**합니다. 프로필 사진이 변경됩니다.

05 **커버 사진을 터치**한 후 같은 방법으로 커버 사진을 변경합니다. 페이지 꾸미기 화면에서 **[다음]**을 터치합니다.

06 WhatsApp 연결은 **[건너뛰기]**를 **터치**합니다. 다음 화면에서 **[다음]**을 **터치**하고 **[완료]**를 **터치**합니다.

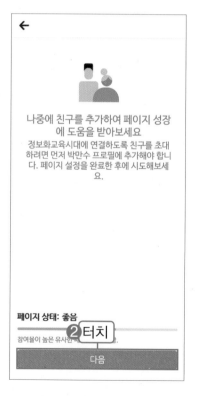

07 페이지 상태에 대한 설정에서 [다음]을 터치합니다. 개인정보 수집에 관한 필수 항목을 설정한 후 [동의함]을 터치하고 '완료되었습니다!'에서 [닫기]를 터치합니다.

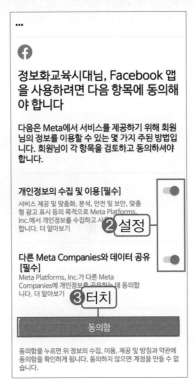
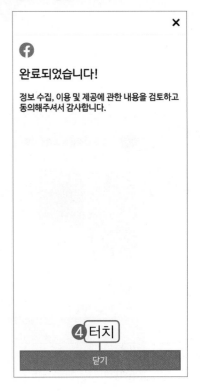

08 페이지가 만들어진 것을 확인할 수 있습니다.

1 텍스트와 사진 또는 동영상이 기재된 게시물을 작성해 봅니다.

2 새로 작성한 글을 삭제해 봅니다.

05 페이스북 활용하기 2

이번 장에서는 페이스북에서 함께 활동하는 친구들과 소통하는 방법과 채팅하기, 페이스북에서 로그아웃하는 방법을 알아보겠습니다.

 무엇을 배울까요?

⋯ 소통하기
⋯ 채팅하기
⋯ 페이스북 로그아웃하기

01 뉴스피드 화면에서 **메뉴(☰)를 터치**하고 [**친구 찾기**]를 **터치**합니다. 다시 [**내 친구**]를 **터치**합니다

02 화면에서 **친구를 터치**하여 친구의 페이스북으로 이동합니다.

03 친구의 최근 **게시물**에서 **[좋아요]**를 터치하고 댓글을 달아봅니다.

04 댓글을 터치하면 상대방의 댓글도 확인할 수 있습니다.

채팅하기

01 뉴스피드 화면에서 **메뉴(☰)를 터치**하고 **[친구 찾기]를 터치**합니다. 다시 **[내 친구]** 를 **터치**합니다

02 화면에서 **친구를 터치**하여 **친구의 페이스북으로 이동**합니다. **[메시지 보내기]를 터치**합니다.

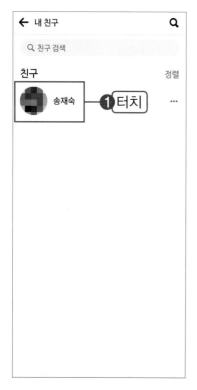 

03 채팅 창이 나타나면 텍스트를 입력하고 전송해 봅니다. 상대방과 실시간으로 대화를 나눌 수 있으며, 게시글의 댓글과는 다르게 타인은 볼 수 없습니다.

페이스북 로그아웃하기

01 메뉴(≡)를 터치하고 메뉴 화면에서 맨 아래쪽 [로그아웃]을 터치합니다.

배움터 메신저를 설치하면 다양한 기능을 이용해 대화를 나눌 수 있습니다.

01 뉴스피드 화면에서 위쪽 채팅(💬)을 터치합니다. [Messenger 다운로드]를 터치합니다.

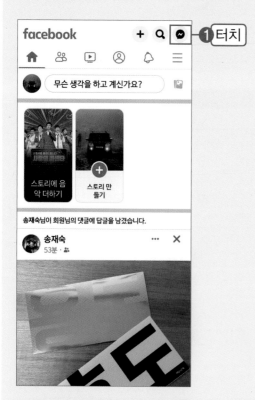

02 Google Play에서 [설치]를 터치한 후 설치가 완료되면 [열기]를 터치합니다.

03 페이스북 계정으로 로그인을 합니다. 연락처 허용을 설정하고 로그인 정보 저장을 선택합니다.

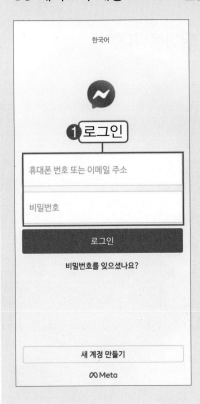

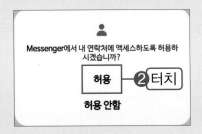

04 연락처 설정 후 친구와 대화할 때 다양한 기능을 이용할 수 있습니다.

디딤돌학습

1 다른 사람의 사진 게시글에 [좋아요]를 터치하고 댓글을 달아봅니다.

2 자신의 게시글을 친구들에게 공유해 봅니다.

06 인스타그램 시작하기

인스타그램은 사진과 동영상을 공유할 수 있는 소셜미디어 서비스입니다. 인스타그램에서는 사진을 찍어 다양한 필터 효과를 적용할 수 있으며 반드시 사진이나 동영상을 포함해야만 게시물을 업로드할 수 있습니다. 이번 장에서는 인스타그램 앱을 다운받고 회원가입을 하는 방법과 기본적인 화면 구성을 살펴보겠습니다.

 무엇을 배울까요?

··· 인스타그램 앱 다운받기
··· 인스타그램 회원가입하기
··· 인스타그램 화면 구성

01 인스타그램을 다운받기 위해 [Play 스토어( )]에서 '인스타그램'을 검색하고 [Instagram]을 터치합니다. 이어서 [설치]를 터치합니다.

02 설치 중 화면이 나타나고 설치가 완료되면 [열기]를 터치합니다. 인스타그램이 실행됩니다.

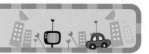
01 인스타그램에 가입하기 위해 [새 계정 만들기]를 터치합니다. 휴대폰 번호 또는 이메일 주소를 입력한 후 [다음]을 터치합니다.

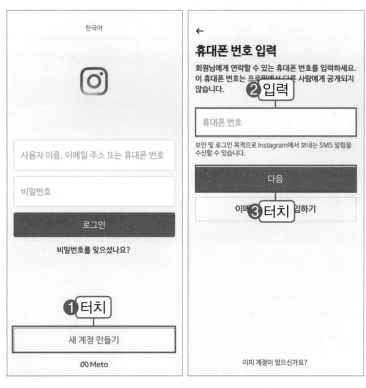

02 휴대폰이나 이메일 주소로 전송된 **인증 코드를 입력하고 [다음]을 터치**합니다. **이름을 입력한 후 [다음]을 터치**합니다.

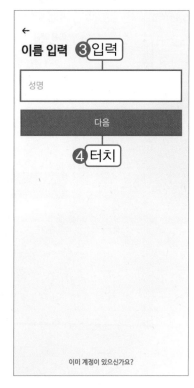

03 비밀번호를 입력한 후 [다음]을 터치하고, 로그인 정보의 저장을 설정합니다. **생년**
월일을 입력한 후 [다음]을 터치합니다.

  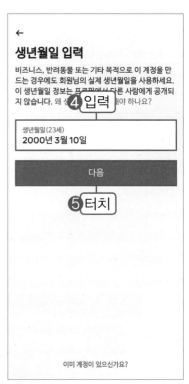

04 **사용자 이름을 입력한 후 [다음]을 터치**합니다. 사용자 이름은 인스타그램에서
아이디로 사용됩니다. 인스타그램 **약관 및 정책에 동의는 모두 선택하고 [동의]**
를 터치합니다.

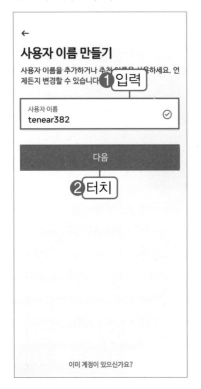 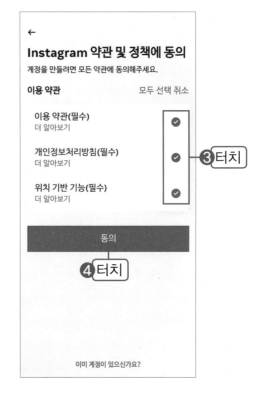

05 프로필 사진 추가에서 **[사진 추가]를 터치**하고 **[갤러리에서 선택]을 터치**합니다. **액세스 허용에서 [허용]을 터치**합니다.

 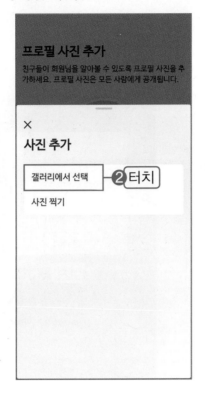 

06 갤러리에서 프로필에 **사용할 이미지를 터치**합니다. 다음 화면에서 [수정]을 터치하면 사진을 수정할 수 있습니다. 사진이 추가되면 **[완료]를 터치**합니다.

배움터

항목을 변경해서 이미지를 선택할 수도 있습니다.

07 Facebook 추천 받기에서 **[건너뛰기]**를 터치한 후 다음 화면에서 **[건너뛰기]**를 터치합니다. '**연락처를 동기화하여 친구를 찾아보세요.**'에서 **[건너뛰기]**를 터치합니다.

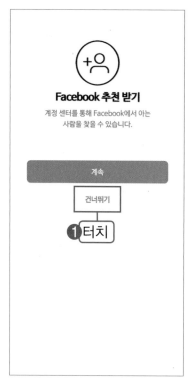

08 유명 인스타 계정들이 나타나면 위쪽 **→**를 터치합니다. 알림 설정에서 **[건너뛰기]**를 터치하면 가입이 완료됩니다.

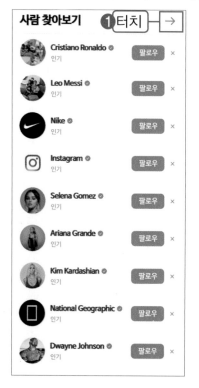

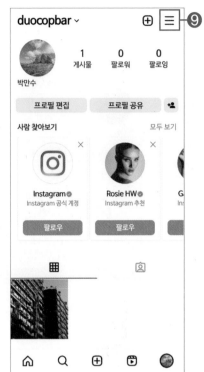

❶ ♡ : 내가 팔로우한 사람이 게시물에 댓글을 달거나 '좋아요'를 터치하면 여기에 표시됩니다.

❷ ◁ : Instagram Direct로 이동합니다. 다른 사용자에게 메시지를 전송할 수 있습니다.

❸ ⌂ : 홈 화면입니다. 나와 다른 사용자의 게시물을 볼 수 있습니다.

❹ Q : 다른 사용자나 게시물을 검색할 수 있는 검색 페이지입니다. 다른 사용자들이 공유한 사진이나 동영상도 추천해 줍니다.

❺ ⊕ : 갤러리로 이동되며, 사진이나 동영상을 바로 공유할 수 있습니다. 또한 스토리나 릴스, 라이브 항목을 선택해 해당 게시물을 작성할 수 있습니다.

❻ ◎ : 터치하면 카메라로 이동합니다. 사진이나 동영상을 촬영하여 게시물, 스토리, 릴스, 라이브로 바로 공유할 수 있습니다.

❼ 🎬 : 릴스 게시물을 확인할 수 있습니다. ◎를 터치하여 사진이나 동영상을 촬영하여 게시물, 스토리, 릴스, 라이브로 바로 공유할 수 있습니다.

❽ 🌑 : 프로필을 수정할 수 있으며 게시물, 팔로워, 팔로잉 수를 한눈에 파악할 수 있습니다.

❾ ☰ : 인스타그램의 각종 설정 항목이 있으며, 로그아웃을 할 수 있습니다.

1 프로필 편집에서 프로필 사진을 변경해 봅니다.

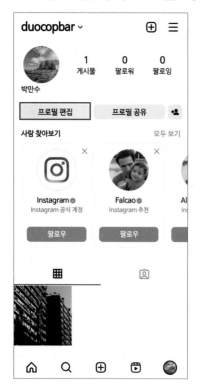
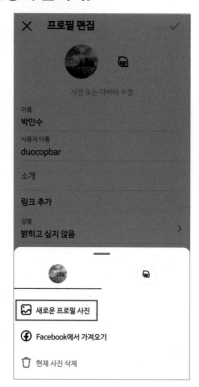

2 프로필 편집에서 자기소개와 성별을 작성해 봅니다.

07 인스타그램 활용하기

이번 장에서는 상대방을 팔로우하는 방법, 해시태그가 무엇인지와 검색하는 방법을 알아보겠습니다. 또한 인스타그램으로 지인들과 소통하는 방법을 알아보고 각종 옵션과 로그아웃까지 배워보도록 하겠습니다.

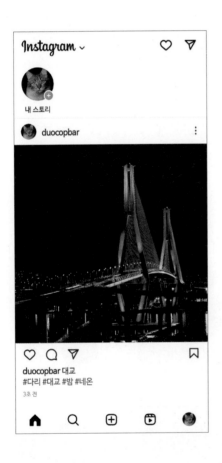

 무엇을 배울까요?

··· 팔로우하기
··· 해시태그
··· 소통하기
··· 연락처 연결 및 로그아웃하기

01 인스타그램을 실행하고 Q 를 **터치**합니다. **사용자 아이디를 검색하여 친구를 찾은 후 아이디를 터치**합니다.

02 [**팔로우**]를 **터치**한 후 🔔를 **터치**합니다. [게시물]을 터치하면 친구가 게시물을 등록할 때 알림으로 알려줍니다. 친구의 팔로워가 1 올라갔습니다.

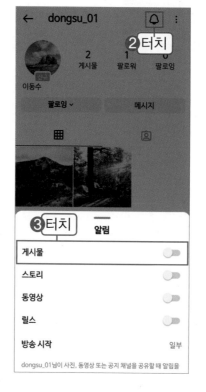

배움터 팔로워 알림 확인하기

상대방은 상단의 ♡ 에서 팔로우한 회원을 확인할 수 있습니다.

---

02 해시태그

 해시태그 검색하기

배움터 해시태그란?

게시물을 검색하기 쉽게 달아 주는 꼬리표 같은 개념입니다. 단어나 문장 앞에 #(해시)을 붙여 식별을 용이하게 해주는 기능을 합니다. #(해시) 뒤에 문장을 쓸 경우에는 띄어쓰기는 하지 않습니다.

owlegopot 캠핑
#캠핑 #야경 #하늘 #별 #추억 #텐트풍

01 $\boxed{Q}$ 를 **터치**합니다. 검색란을 터치하고 검색할 단어나 문장을 **입력**합니다. 아래 **[결과 모두 보기]**를 **터치**합니다.

02 검색과 관련된 게시물들이 나타나면, **[#(해시)]를 터치**합니다. 하단에 자동으로 연관 검색어까지 검색되며, 게시물이 몇 개인지 나타납니다. 원하는 해시태그를 터치하면 인기/최근 게시물, 릴스를 확인할 수 있습니다.

🖱 해시태그 입력하기

01 ⊕를 **터치**합니다. 갤러리 화면에서 **공유할 사진을 선택**하고 →를 **터치**합니다. 마음에 드는 필터를 적용한 후 →를 **터치**합니다.

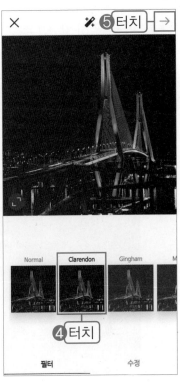

02 **텍스트와 해시태그를 입력**합니다. #과 단어를 붙여서 입력하고 띄어쓰기 후 다시 **#과 단어를 입력**합니다. 해시태그 안의 단어나 문장은 띄어쓰기 없이 입력합니다. ✓를 **터치**합니다. 사진과 해시태그를 확인할 수 있습니다.

소통하기

03

좋아요와 댓글 달기

01 팔로우하고 있는 사용자가 새로운 사진을 공유하면 홈 화면에 나타납니다. ♡를 **터치**합니다. 게시글의 '좋아요'가 올라가는 것을 확인할 수 있습니다. 이어서 **◯를 터치**하면 댓글 화면으로 이동합니다.

02 다른 사람의 댓글을 확인할 수 있습니다. **댓글을 입력하고 [게시]를 터치**합니다.

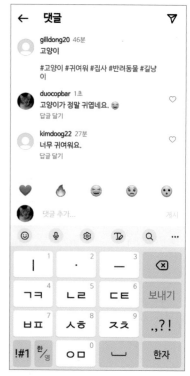

🖱 채팅하기

01 🔘를 **터치**합니다. 나를 팔로잉한 사람을 볼 수 있게 [팔로워]를 **터치**합니다.

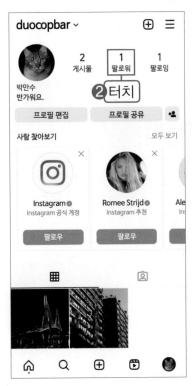

02 대화할 사용자를 **터치**합니다. [메시지]를 **터치**합니다.

03 보낼 메시지를 입력하고 [보내기]를 터치합니다.

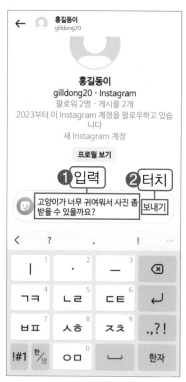 

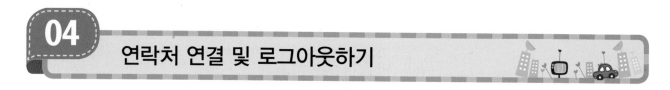

연락처 연결 및 로그아웃하기

01 하단 ●를 터치한 후 ☰를 터치하면 목록이 나타납니다. [설정 및 개인정보]를 터치한 후 [계정 센터]를 터치합니다.

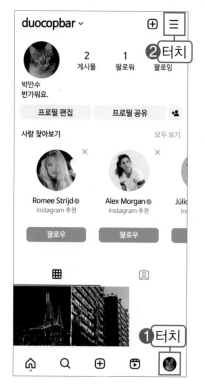  

02 계정 센터에서 [내 정보 및 권한]을 터치한 후 [연락처 업로드]를 터치합니다. [연락처 연결]을 터치해 동기화합니다.

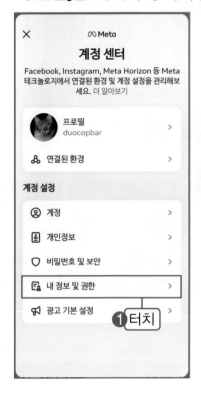
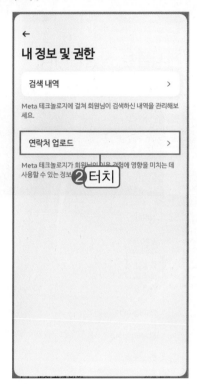

03 02과정의 역순으로 ←, ←, ✕를 터치합니다. 설정 및 개인정보 맨 아래에 있는 [*** 계정에서 로그아웃]을 터치합니다. 로그인 정보 저장 설정 후 [로그아웃]을 터치합니다.

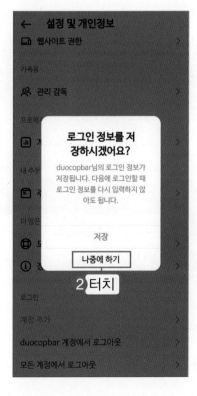

디딤돌학습

1 해시태그를 붙인 동영상 게시물을 작성합니다.

2 팔로우를 취소해 봅니다.

08 밴드 시작하기

2012년 8월 처음으로 서비스를 시작한 소셜네트워크 서비스입니다. 처음에는 폐쇄형 네트워크 서비스 형태로 운영되어 가족용 비공개 모임이나 동창 모임 등에 주로 사용되었으나 현재는 공개형 소셜네트워크 서비스 형태로 전환되었습니다. 이번 장에서는 밴드를 다운받고 회원가입과 밴드를 생성하는 방법 등을 알아보겠습니다.

 무엇을 배울까요?

··· 밴드 앱 다운받기

··· 밴드 회원가입하기

··· 기본 화면 구성과 밴드 만들기

··· 밴드 화면 구성과 프로필 관리하기

01 밴드 앱을 다운받기 위해 [Play 스토어(▶)]에서 '밴드'를 검색하고 [밴드]를 터치합니다. 밴드 앱 화면에서 [설치]를 터치합니다.

02 설치 중 화면이 나타나고 설치가 완료되면 [열기]를 터치합니다. 밴드가 실행됩니다.

02 밴드 회원가입하기

01 밴드에 가입하기 위해 [회원가입]을 터치한 후 [휴대폰 번호 또는 이메일 주소]를 터치합니다.

02 휴대폰 번호 또는 이메일 주소를 선택해 가입을 진행합니다. 해당 내용을 모두 입력한 후 [다음]을 터치합니다. 이용 약관에 동의한 후 [확인]을 터치합니다.

03 휴대폰이나 이메일 주소로 전송된 **인증 번호를 입력**합니다. 이벤트, 광고성 정보 수신에 대한 창이 나타나면 **[확인]을 터치**합니다.

04 프로필 작성이 나타나면 **[건너뛰기]를 터치**합니다. 밴드에 가입되었습니다.

 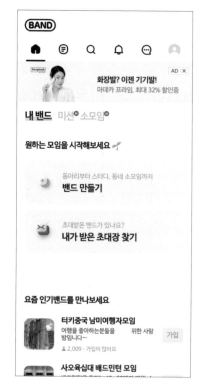

기본 화면 구성

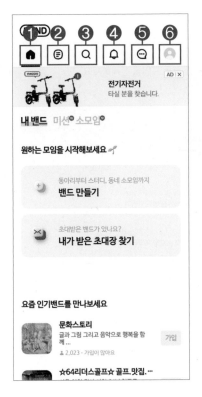

❶ 🏠 : 밴드를 처음 실행하면 나타나면 홈 화면으로 가입한 밴드가 없다면 밴드 만들기, 내가 받은 초대장 찾기가 표시되며 가입된 밴드가 있다면 밴드가 나타납니다.

❷ 📑 : 가입한 밴드의 새로운 글이나 인기 글을 볼 수 있습니다.

❸ 🔍 : 밴드나 페이지, 게시글 등을 검색할 수 있습니다.

❹ 🔔 : 가입한 밴드의 새로운 소식이나 자신이 쓴 글의 반응을 확인할 수 있습니다.

❺ 💬 : 가입한 밴드의 멤버들과 1:1 채팅이나 전체 채팅을 할 수 있습니다.

❻ 👤 : 프로필 설정과 같은 밴드의 다양한 기능이 모여 있습니다.

🖱 밴드 만들기

01 [밴드 만들기]를 터치합니다. 다음 화면에서 만들고 싶은 모임을 선택합니다.
[취미, 동호회]를 터치합니다.

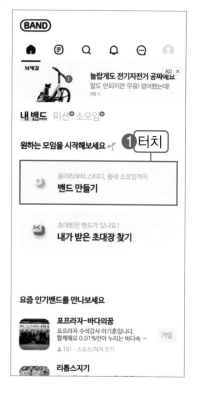

02 밴드 이름을 '등산 모임'으로 입력한 후 [사진 추가(📷)]를 터치합니다. 나타나는
창에서 [앨범에서 선택]을 터치합니다.

03 밴드 커버로 사용할 사진을 **터치**합니다. 밴드 커버로 보여지게 될 부분을 조정하고 ☑️를 **터치**한 후 [완료]를 **터치**합니다.

04 밴드 타입을 설정하고 [확인]을 **터치**합니다. 다음 과정에서 [완료]를 **터치**하면 밴드 생성이 마무리됩니다.

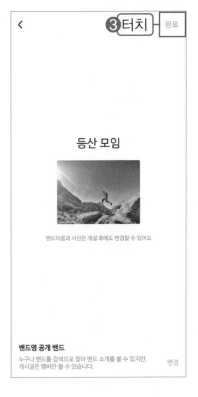

배움터 멤버 초대하기

01 밴드 화면에서 [멤버(👥)]를 터치합니다. 이어서 [멤버 초대하기]를 터치하고 [연락처 친구 초대]를 선택합니다. 연락처 액세스 허용 창이 나타나면 [허용]을 터치합니다.

02 초대를 보낼 사람을 체크하고 [보내기]를 터치합니다. 단체 문자 화면에서 [보내기(✈️)]를 터치합니다. 멤버 초대 메시지를 문자로 보낼 수 있습니다.

04 밴드 화면 구성과 프로필 관리하기

밴드 기본 화면 구성

❶ 💬 : 밴드 멤버들과 대화를 나눌 수 있습니다.

❷ 🖼 : 밴드 멤버들과 사진을 공유하는 공간입니다.

❸ 📅 : 모임 일정을 공유하고 참석, 불참석 체크도 가능합니다.

❹ ☑ : 파일, 출석체크, 참가 신청서, 투표, To-Do, N빵 등의 자료를 한곳에 서 확인할 수 있습니다.

❺ 👥 : 멤버를 초대할 수 있으며, 현재 밴드의 멤버들을 확인할 수 있습니다.

❻ ⚙ : 밴드 설정, 미션 인증 설정, 밴드 통계, 내 설정 등의 설정과 통계 자료 를 확인할 수 있습니다.

🤚 프로필 설정하기

01 밴드 메인 화면에서 **더보기(⌾)**를 **터치**합니다. 더보기 화면에서 **이름을 터치**합니다. 내 프로필에서 **[프로필 관리]**를 **터치**합니다.

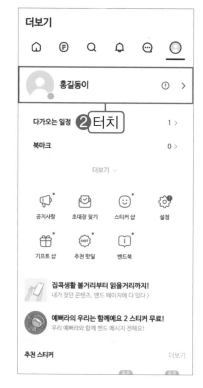

02 프로필 관리에서 **[기본 프로필]**을 **터치**합니다. 이어서 **[프로필 수정]**을 **터치**한 후 프로필 사진을 삽입하기 위해 ⌾를 **터치**합니다.

03 [사진 선택]을 터치한 후 갤러리에서 원하는 사진을 터치합니다. 프로필 사진으로 적용될 **영역을 조절**하고 ☑를 **터치**합니다.

04 적용된 프로필 사진을 확인합니다. **[완료]**를 **터치**한 후 프로필 관리에서 다시 **[완료]**를 **터치**합니다. 내 프로필에서 **[확인]**을 **터치**하면 더보기로 돌아갑니다.

1 학교와 관련된 새로운 밴드를 생성해 봅니다.

2 만든 밴드를 삭제해 봅니다.

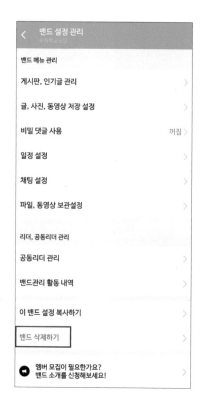

09 밴드 활용하기

이번 장에서는 내 밴드에 멤버를 초대하고 밴드에 글을 올리는 방법을 알아보겠습니다. 또한 밴드 멤버들과 채팅하는 방법과 투표, 동영상, 일정 등을 공유하는 방법도 알아보겠습니다.

무엇을 배울까요?

⋯ 글쓰기, 사진과 동영상 올리기
⋯ 투표, 일정, 채팅하기
⋯ 밴드 로그아웃하기

 글쓰기

01 생성한 밴드에서 **[글쓰기]**를 **터치**합니다. 글쓰기 화면에서 **내용을 입력하고** **[완료]를 터치**합니다.

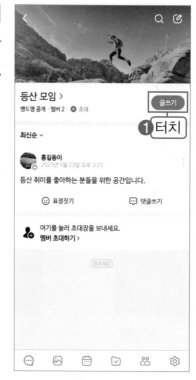

02 자신이 쓴 글이 추가된 것을 확인할 수 있습니다. 터치하면 멤버가 쓴 댓글이나 스티커도 확인할 수 있습니다.

사진 올리기

01 밴드 화면에서 **[글쓰기]를 터치**합니다. 글쓰기 화면에서 **[사진/동영상]**을 **터치**합니다.

02 사진 선택 화면에서 **원하는 사진을 터치**합니다. 복수의 선택이 가능하며 선택이 완료되면 **[완료]를 터치**합니다.

배움터

왼쪽 상단 **BAND ▾** 를 터치하면 앨범을 선택하여 이미지를 선택할 수도 있습니다.

03 다음 화면에서 [그냥 올리기]를 **터치**합니다. 글쓰기 화면에서 선택된 사진이 삽입됩니다. 원하는 **텍스트를 입력하고 [완료]를 터치**합니다.

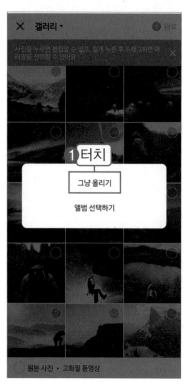

04 작성한 사진 게시물이 밴드에 나타납니다. 터치하면 게시글 페이지로 이동됩니다.

동영상 올리기

01 밴드 화면에서 [글쓰기]를 터치합니다. 글쓰기 화면에서 [사진/동영상]을 터치합니다. 동영상 선택 화면에서 **업로드할 동영상을 선택**하고 [완료]를 터치합니다.

02 [그냥 올리기]를 터치합니다. 함께 게시될 **텍스트를 입력**하고 [완료]를 터치합니다.

03 밴드 화면에 작성한 동영상 게시물이 나타납니다. 를 터치해 재생할 때 왼쪽 하단의 를 터치하면 소리를 켜거나 끌 수 있으며, 화면을 다시 터치하면 전체 화면으로 동영상을 감상할 수 있습니다.

02 투표, 일정, 채팅하기

투표 게시하기

01 밴드 화면에서 [글쓰기]를 **터치**합니다. 글쓰기 화면에서 [투표]를 **터치**합니다.

02 투표 화면에서 그림과 같은 위치에 **투표 내용을 입력**합니다. 화면을 아래쪽 [마감일]을 터치하고 [종료일]을 터치합니다.

03 날짜 설정 화면에서 **투표 종료일을 지정하고 [설정]을 터치**합니다. 같은 방법으로 [종료 시간]을 지정합니다. [첨부]를 터치합니다.

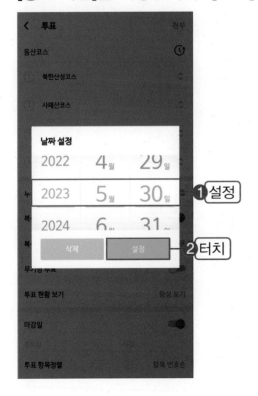

04 글쓰기 화면에서 **[완료]를 터치**합니다. 밴드 화면에서 투표 게시물이 생성된 것을 확인할 수 있습니다. **투표 게시물을 터치**합니다.

05 원하는 항목을 **터치**하여 **투표에 참여**할 수 있습니다. 아래쪽의 **[투표 종료하기]를 터치**합니다. 다시 **[지금 종료하기]를 터치**합니다.

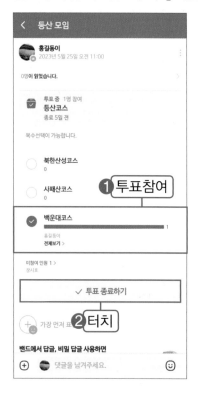
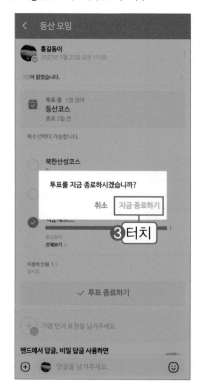

📱 일정 등록하기

01 밴드 화면에서 **일정(📅)을 터치**합니다. 일정 화면이 나타나면 **[일정 만들기(➕)]를 터치**합니다.

02 **원하는 날짜를 선택**한 후 일정 만들기 화면에서 **일정 제목과 일정 설명을 입력**합니다. **[하루 종일]**을 설정하고 **[미리 알림]**을 터치합니다. **[당일(오전 9시)]**를 터치하면 원하는 날짜에 미리 알림 메시지를 받을 수 있습니다.

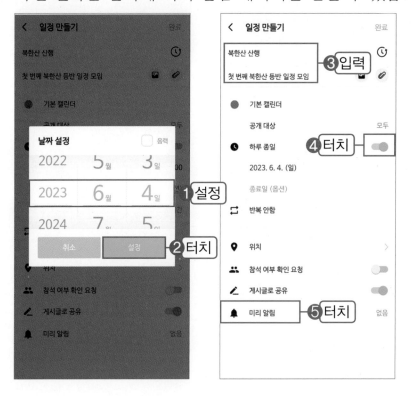
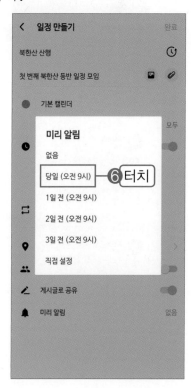

03 설정이 완료되면 일정 등록 화면에서 **[완료]를 터치**합니다. 일정 화면에서 등록된 일정을 확인할 수 있습니다.

04 마찬가지로 밴드 화면에서도 확인할 수 있습니다. 일정을 터치하면 댓글 작성과 댓글 확인이 가능하고, 일정을 저장할 수도 있습니다.

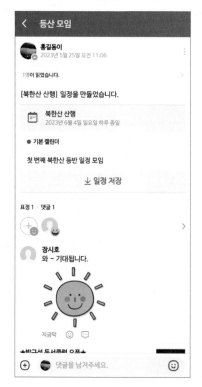

📱 채팅하기

01 밴드 화면에서 **채팅(💬)을 터치**합니다. 채팅 화면에서 **원하는 채팅방을 터치**합니다.

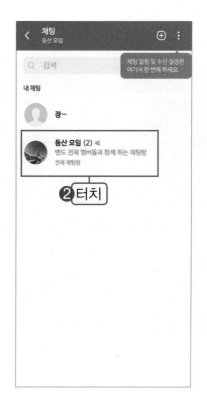

02 채팅방으로 입장하면 **[메시지 입력]을 터치**합니다. **원하는 텍스트를 입력**하고 **보내기(➤)를 터치**합니다. 상대방이 메시지를 보내면 확인이 가능합니다. 이어서 **스티커(☺)를 터치**합니다.

03 스티커를 선택한 후 보내기(➤)를 터치합니다. 읽은 메시지는 읽음이라고 표시됩니다. ☰를 터치한 후 [나가기]를 터치하면 채팅방에서 나갈 수 있습니다.

03

밴드 로그아웃하기

01 더보기(●)를 터치합니다. [설정]을 터치한 후 설정 하단에 [로그아웃]을 터치합니다. 한 번 더 [로그아웃]을 터치하면 로그아웃이 완료됩니다.

디딤돌학습

1 일정 화면에서 [일정 저장]을 터치하여 스마트폰의 캘린더 앱에 일정을 입력해 봅니다.

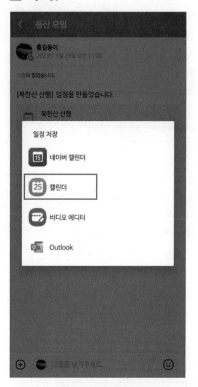

2 여러 장의 사진을 한번에 올려봅니다.

10 카카오스토리 시작과 활용하기

모바일 메신저인 카카오톡과 연계된 소셜네트워크 서비스입니다. 카카오스토리를 설치하고 카카오톡 계정으로 가입하는 방법을 알아보겠습니다. 또한 친구를 추가하고 글쓰기, 댓글 달기 등의 소통하는 방법도 배워보겠습니다.

 무엇을 배울까요?

- ⋯ 카카오스토리 앱 다운받기
- ⋯ 카카오스토리 회원가입하기
- ⋯ 기본 구성과 친구 추가하기
- ⋯ 글쓰기, 댓글 달기, 공유하기

01 카카오스토리를 다운받기 위해 [Play 스토어 ▶]에서 '카카오스토리'를 검색하고 [카카오스토리 Kakaostory]를 터치합니다. 다음 화면에서 [설치]를 터치합니다.

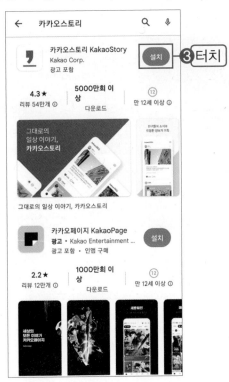

02 설치 중인 표시가 나타나고 설치가 완료되면 [열기]를 터치합니다. 카카오스토리가 실행됩니다.

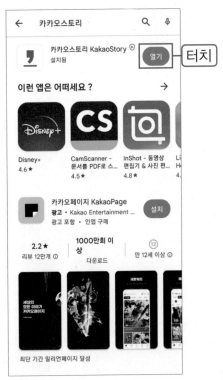

01 카카오스토리에 가입하기 위해 설치 후 처음으로 앱을 실행하면 두 가지 권한을 허용해 줘야 합니다. 전화 관리와 기기의 사진 및 동영상 액세스의 **[허용]**을 터치합니다. 로그인에서 **[가입하기]**를 터치합니다.

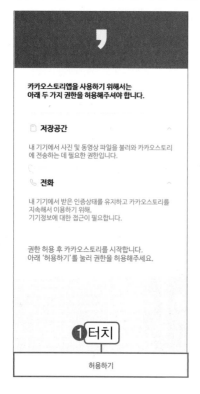

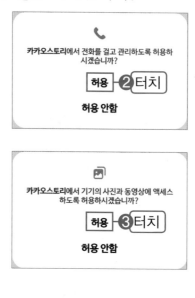

02 이메일로 가입하기 위해 **[이메일이 있습니다.]**를 터치합니다. 서비스 약관 필수 항목을 터치한 후 **[동의]**를 터치합니다. 이메일 주소를 입력하고 **[인증요청]**을 터치합니다.

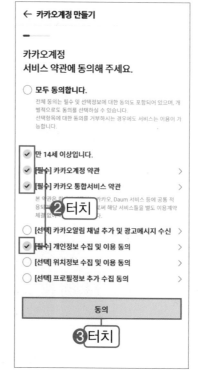

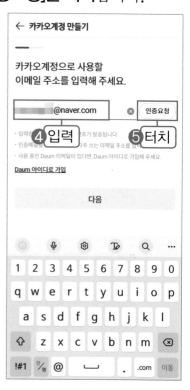

03 이메일로 전송된 **인증번호를 입력한 후 [다음]을 터치**합니다. 로그인에 사용할 **비밀번호를 입력**하고 [다음]을 터치합니다. 프로필에 사용될 **닉네임을 입력**하고 [다음]을 터치합니다.

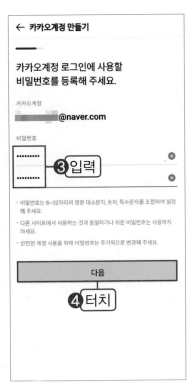
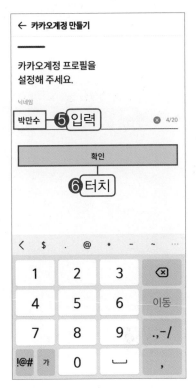

04 가입이 완료되고 [시작하기]를 터치한 후 프로모션 정보 수신 동의에서 체크하지 않고 [완료]를 터치합니다. 관심 카테고리 선택은 [나중에 할게요.]를 터치합니다.

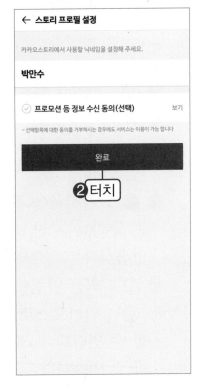

기존 카카오톡 사용자는 [카카오톡으로 로그인]을 터치한 후 [동의하고 시작하기]를 터치하면 간단하게 카카오스토리를 바로 이용할 수 있습니다.

03 기본 구성과 친구 추가하기

기본 구성

❶ 📷 : 사진을 촬영한 후 게시물 작성 시 첨부합니다.

❷ 🏠 : 터치하면 홈 화면이 나타납니다.

❸ 🔍 : 사람이나 태그, 장소, 게시물 등을 검색할 수 있습니다.

❹ ➕ : 게시물을 작성할 수 있습니다. 또한 이모티콘 추가나 사진, 동영상을 촬영한 후 첨부할 수도 있습니다.

❺ 🔔 : 최근 알림이나 쪽지를 확인할 수 있습니다.

❻ 👤 : 카카오스토리 설정 및 작성한 스토리를 확인할 수 있습니다. 또한 친구 소식, 관심 글 등도 확인할 수 있습니다.

🖱 카카오톡 친구 추가

01 👤를 터치하고 👥를 터치합니다. 친구/소식받는 화면에서 👤+를 터치합니다.

02 추천 친구 화면에서 💬를 터치합니다. 카카오톡에 등록되어 있으며 카카오스토리를 가입한 친구의 이름이 나타납니다. **이름 옆의** 💬 **를 터치**합니다.

03 카카오톡으로 친구 초대 요청을 보냅니다. 친구 신청 목록 화면에서 내가 보낸 친구 요청을 확인할 수 있습니다.

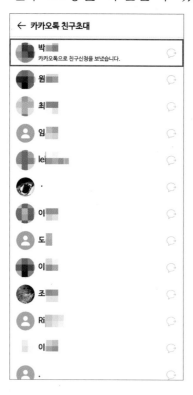

 아이디 검색으로 친구 추가

01  를 터치하고  를 터치합니다. 친구/소식받는 화면에서 ♀를 터치합니다.

02 추천 친구 화면에서 🔍를 **터치**합니다. **검색란에 상대방의 아이디를 입력**하고 하단의 **[ID 검색 결과 보기]를 터치**합니다.

03 **검색된 사용자의 이름을 터치**합니다. **[친구신청]을 터치**하고 **[소식받기]를 터치**합니다. 친구가 올리는 게시물을 빠르게 확인할 수 있습니다.

글쓰기

01 홈 화면에서 하단의 ⊕를 터치합니다. 텍스트를 입력하고 [올리기]를 터치합니다.
🌐 전체공개 · 를 터치하면 게시물의 공개대상을 설정할 수 있습니다. 기본적으로 전
체공개입니다.

02 작성한 글이 나타납니다.
…를 터치하면 글을 수정하
거나 삭제할 수 있습니다.

📑 댓글 달기

01 📑를 터치하고 👥를 터치합니다. 친구의 이름을 터치하면 카카오스토리 페이지로 이동합니다.

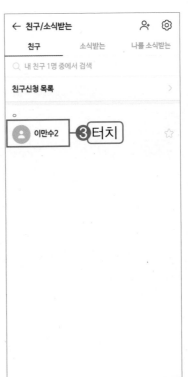

02 친구의 카카오스토리 페이지에서 친구가 올린 게시물을 확인할 수 있습니다. 💬를 터치하고 [댓글을 달아보세요.]를 터치합니다.

03 텍스트를 입력하고 [올리기]를 터치합니다. 전송된 댓글을 확인할 수 있습니다.

04 ♡를 터치하면 하트를 줄 수 있습니다. ☺를 터치하면 이모티콘을 추가할 수 있습니다.

🖐️ 공유하기

01 내 스토리에 친구의 게시글을 공유하기 위해 •••를 터치하고 [내 스토리]를 터치합니다.

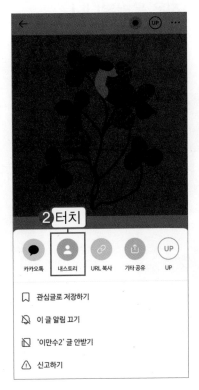

02 **텍스트를 입력하고 [올리기]를 터치**합니다. 친구의 게시물이 내 스토리에 추가됩니다.

디딤돌학습

1 카카오스토리에 사진을 올려봅니다.

2 친구의 게시물을 카카오톡으로 공유해 봅니다.